Das ist MEINE GESCHICHTE.

©The Life Graduate Publishing Group

Kein Teil dieses Buches darf ohne vorherige Zustimmung des Autors oder Herausgebers gescannt, reproduziert oder in gedruckter oder elektronischer Form verbreitet werden.

DAS AUTOR

Vorname

Unterschrift

Das ist meine Geschichte

"Jeder Vater kann lernen, ein noch besserer Vater zu werden, indem er sich die Zeit nimmt, darüber nachzudenken, was Vaterschaft für ihn bedeutet."
-Jack Baker-

Der Anfang.....

Voller Name bei der Geburt
___

Geburtsdatum   /   /
___

Zeit der Geburt   :
___

Wochentag, an dem Sie geboren wurden?
___

Länge bei der Geburt?
___

Gewicht bei der Geburt?
___

Geburtsort (einschließlich Stadt, Land)
___

Hattest du Geschwister, als du geboren wurdest? Wenn ja, wie waren ihre Namen und ihr Alter?
___
___

Das ist meine Geschichte...

Fügen Sie hier weitere Hinweise oder Informationen hinzu ...

Der Anfang.....

Bitte teilen Sie einige Informationen über Ihre Eltern?

_____
_____
_____
_____
_____

Was wurde dir über dich als Baby erzählt?

_____
_____

Hattest du irgendwelche einzigartigen Eigenschaften oder humorvollen Dinge, die du als Baby getan hast?

_____
_____
_____
_____

Das ist meine Geschichte...

Fügen Sie hier weitere Hinweise oder Informationen hinzu

Der Anfang.....

Was waren deine ersten Worte?
_____

Warst du als Baby bei guter Gesundheit?
_____
_____

Haben Sie andere Babyerinnerungen zu teilen?
_____
_____
_____
_____
_____
_____
_____

Das ist meine Geschichte...

"Von allen Titeln, für die ich das Privileg hatte, war 'Dad' immer der beste."
— Ken Norton —

Kindheitsjahre

Was war dein Lieblingsspielzeug, als du ein Kind warst?

___

Hattest du als Kind ein Haustier oder irgendwelche Haustiere?

___

Was war deine Lieblingssendung als Kind?

___

Gab es einen Moment, an den Sie sich erinnern, als Kind in große Schwierigkeiten geraten zu sein? Gab es eine Bestrafung?

___

Das ist meine Geschichte...

Fügen Sie hier weitere Hinweise oder Informationen hinzu

Kindheitsjahre

Was sind Ihre schönsten Erinnerungen zwischen 5 und 12 Jahren?

_____
_____
_____
_____
_____
_____
_____
_____
_____
_____
_____

Das ist meine Geschichte...

Fügen Sie hier weitere Hinweise oder Informationen hinzu

Kindheitsjahre

Wo bist du als Kind aufgewachsen?
(Haus, Lage, Stadt usw.)

_____

_____

_____

_____

Wer war dein bester Freund oder deine besten Freunde als Kind?

_____

_____

Was war dein Lieblingstag der Woche und warum?

_____

_____

_____

_____

Das ist meine Geschichte...

"Jeder Vater sollte sich daran erinnern, dass sein Sohn oder seine Tochter eines Tages seinem Beispiel folgen wird, nicht seinem Rat."
— Charles Kettering -

Kindheitsjahre

Was war dein Lieblingsessen als Kind?
___

Welche Grundschule haben Sie besucht und wo war sie?
___
___

Beschreibe deinen denkwürdigsten Moment oder deine denkwürdigste Geschichte aus der Grundschule.
___
___
___
___
___
___
___
___

Das ist meine Geschichte...

Fügen Sie hier weitere Hinweise oder Informationen hinzu

Teenager-Jahre ..

Beschreibe deinen Kleidungsstil in deiner Jugend.

___

Wann und wo hast du fahren gelernt?

___

Was war dein erstes Fahrzeug und für wie viel hast du es gekauft? Erzählen Sie uns Ihre besondere Geschichte über das erste Auto!

___

Das ist meine Geschichte...

Fügen Sie hier weitere Hinweise oder Informationen hinzu

Teenager-Jahre ..

Auf welche High School bist du gegangen und wo war sie?

_____
_____
_____

Wer war dein Lieblingslehrer oder -trainer und warum?

_____
_____
_____

Was war dein Lieblingsfach in der Schule?

_____
_____

Hast du dich mit jemandem in der Schule verabredet?

_____
_____
_____

Das ist meine Geschichte...

"Mein Vater gab mir das größte Geschenk, das jemand einer anderen Person machen konnte, er glaubte an mich."
—Jim Valvano

Teenager-Jahre ..

Welche Hobbys hatten Sie in Ihren Teenagerjahren?

_____
_____

Was ist Ihr denkwürdigster Moment in Ihrer Jugend?

_____
_____
_____
_____

Was hätten Sie in Ihrer Jugend mit dem Wissen, das Sie heute haben, anders gemacht?

_____
_____
_____
_____

Das ist meine Geschichte...

Fügen Sie hier weitere Hinweise oder Informationen hinzu

Teenager-Jahre ..

Hattest du eine enge Freundschaftsgruppe? Haben Sie mit einem von ihnen Kontakt gehalten?

_____
_____
_____
_____

Hattest du Spitznamen in der Sekundarschule?

_____
_____

Welche 5 Wörter kommen mir in den Sinn, um deine Teenagerjahre zu beschreiben?

1. _____
2. _____
3. _____
4. _____
5. _____

Das ist meine Geschichte...

"Nur wenn Sie erwachsen werden und von Ihrem Vater zurücktreten, können Sie seine signifikanten Auswirkungen auf Ihr Leben messen."
—Romney Nelson

Erinnerungen

In meiner Jugend war die Person, die ich außerhalb meiner Familie am meisten respektierte, ...

_____

_____

Als ich in meiner Jugend war, war die größte Nachricht, an die ich mich erinnere, ...

_____

_____

_____

Als ich aufwuchs, waren meine 3 Lieblingsfilme:

1. _____

2. _____

3. _____

Das ist meine Geschichte...

Fügen Sie hier weitere Hinweise oder Informationen hinzu

Erinnerungen

Als ich ein Kind war, war der erste Film, den ich ins Theater sah, ..

___

Als ich die Grundschule abschloss, war das Jahr ..

___

Als ich 8 Jahre alt war, wollte ich ...

___

Als ich 18 war, war meine Lieblingsmusik

___

Eine beliebte Aktivität in meiner Jugend am Wochenende war ..

___

___

Als ich jung war, liebte ich es zu reisen ....

___

___

Das ist meine Geschichte...

Familiengeschichte

Die Namen meiner Großeltern waren:

Oma: _____

Großvater: _____

Geburtsland:
Oma: _____

Großvater:: _____

Dies ist etwas, das nicht viele Menschen über unsere Familiengeschichte wissen ......

_____

_____

_____

_____

Zusätzliche Informationen zur Familiengeschichte:

_____

_____

_____

Das ist meine Geschich..

Unsere FAMILIE -BAUM-

Großvater

Großvater

Oma

Oma

Mutter

Vater

Mich

Fügen Sie hier weitere Hinweise oder Informationen hinzu

Erziehung

Wie alt waren Sie, als Sie Eltern wurden?
___

Erklären Sie, wie Sie sich emotional gefühlt haben, als Sie zum ersten Mal Eltern wurden?
___
___
___
___
___

Wo befanden Sie sich (Stadt / Land), als Sie Ihr erstes Kind hatten?
___
___
___

Das ist meine Geschichte...

Fügen Sie hier weitere Hinweise oder Informationen hinzu

Erziehung

Was war für Sie als Eltern die größte Herausforderung?

_____
_____
_____
_____

Welche Aufgaben halten Sie als Eltern für wichtig?
Liste 3.

1 _____
_____

2 _____
_____

3 _____
_____

Das ist meine Geschichte...

„Die Qualität eines Vaters zeigt sich in den Zielen, Träumen und Bestrebungen, die er nicht nur für sich selbst, sondern auch für seine Familie festlegt."
— Reed Markham

Erziehung

Haben Sie andere Elternerinnerungen, die Sie vielleicht teilen möchten?

Das ist meine Geschichte...

"Er übernahm die Rolle des Vaters, damit sein Kind etwas Mythisches und Unendlich Wichtiges hat: einen Beschützer."
— Tom Wolfe

Mehr über mich!

Nicht viele Leute wissen das über mich, also lassen Sie mich es mit Ihnen teilen:

_____
_____
_____
_____
_____
_____
_____
_____

Die Aktivität oder das Hobby, die ich jetzt am liebsten mache, ist .....

_____
_____

Ich habe die einzigartige Fähigkeit, ...

_____
_____
_____

Das ist meine Geschichte...

Fügen Sie hier weitere Hinweise oder Informationen hinzu

Mehr über mich!

Wenn ich in eine besondere Zeit in der Geschichte zurückkehren könnte, wäre es ...

_____
_____
_____

Wenn ich einen Rat an andere weitergeben könnte, wäre es ..

_____
_____
_____

Es gibt besondere Momente im Leben, die Sie gerne länger genießen möchten. Meins wäre ......

_____
_____
_____
_____

Das ist meine Geschichte...

"Und ich hoffe nur, wenn ich meine eigene Familie habe, dass ich jeden Tag ein bisschen mehr von meinem Vater in mir sehe."
- Keith Urban, Musiker

Mehr über mich!

Ich wünschte ich hätte die Gelegenheit ...

_____

_____

_____

Das Zitat, das mich am meisten anspricht, ist ..

_____

_____

_____

Mein Lieblingsbuch aller Zeiten ist:

_____

Wenn die Leute in 10 Jahren an mich denken, möchte ich, dass sie sich an mich erinnern.......

_____

_____

_____

Das ist meine Geschichte...

Fügen Sie hier weitere Hinweise oder Informationen hinzu

Mehr über mich!

Wenn ich auf mein bisheriges Leben zurückblicke, sind meine drei stolzesten Momente:

1 _____

2 _____

3 _____

Wenn es 3 berühmte Leute gäbe, die ich zum Abendessen einladen könnte, wären sie:

1 _____

2 _____

3 _____

Das ist meine Geschichte...

Fügen Sie hier weitere Hinweise oder Informationen hinzu

Mehr über mich!

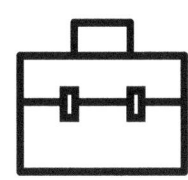

Ich hatte seit meiner Jugend folgende Jobs:

Das ist meine Geschichte...

Fügen Sie hier weitere Hinweise oder Informationen hinzu

Mehr über mich!

Wenn jemand seine berufliche Laufbahn beginnen wollte, würde ich ihm sagen, dass er ...

___

___

Der interessanteste Ort, an den ich je gereist bin, war ... (einschließlich des Jahres / Datums, an dem dies geschah)

___

___

___

Wenn ich einen kostenlosen Rückflug nach irgendwo auf der Welt bekommen würde, würde ich ... besuchen (einschließlich Ihres 'Warum')

___

___

___

Das ist meine Geschichte...

Schlußbemerkungen

Es gab viele Fragen, die ich in diesem Buch beantwortet habe, aber ich möchte dies auch mit Ihnen teilen ...

Ihre Zeit, um etwas anderes zu schreiben, das Sie teilen möchten

___
___
___
___
___
___
___
___
___

Schlußbemerkungen

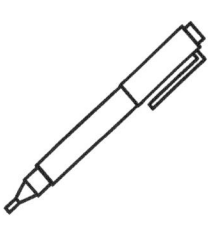

"Der größte Tribut, den ein Junge oder ein Mädchen seinem Vater zollen kann, ist zu sagen: "Wenn ich groß bin, möchte ich genauso sein wie mein Vater."
- B. Graham

Erinnerungen

Fotos und Momente Seite

Das ist meine Geschichte...

Erinnerungen

Fotos und Momente Seite

Das ist meine Geschich

Erinnerungen

Fotos und Momente Seite

Das ist meine Geschichte...

Erinnerungen

Fotos und Momente Seite

Das ist meine Geschich

Das ist meine Geschichte

Lightning Source UK Ltd.
Milton Keynes UK
UKHW030702290920
370727UK00005B/275